Caroline Crawford

La Création du féminisme franc¸ais par les féministes anglophones

Caroline Crawford

La Création du féminisme franc¸ais par les féministes anglophones

Le cas dans les années '80 et '90

Presses Académiques Francophones

Impressum / Mentions légales
Bibliografische Information der Deutschen Nationalbibliothek: Die Deutsche Nationalbibliothek verzeichnet diese Publikation in der Deutschen Nationalbibliografie; detaillierte bibliografische Daten sind im Internet über http://dnb.d-nb.de abrufbar.
Alle in diesem Buch genannten Marken und Produktnamen unterliegen warenzeichen-, marken- oder patentrechtlichem Schutz bzw. sind Warenzeichen oder eingetragene Warenzeichen der jeweiligen Inhaber. Die Wiedergabe von Marken, Produktnamen, Gebrauchsnamen, Handelsnamen, Warenbezeichnungen u.s.w. in diesem Werk berechtigt auch ohne besondere Kennzeichnung nicht zu der Annahme, dass solche Namen im Sinne der Warenzeichen- und Markenschutzgesetzgebung als frei zu betrachten wären und daher von jedermann benutzt werden dürften.

Information bibliographique publiée par la Deutsche Nationalbibliothek: La Deutsche Nationalbibliothek inscrit cette publication à la Deutsche Nationalbibliografie; des données bibliographiques détaillées sont disponibles sur internet à l'adresse http://dnb.d-nb.de.
Toutes marques et noms de produits mentionnés dans ce livre demeurent sous la protection des marques, des marques déposées et des brevets, et sont des marques ou des marques déposées de leurs détenteurs respectifs. L'utilisation des marques, noms de produits, noms communs, noms commerciaux, descriptions de produits, etc, même sans qu'ils soient mentionnés de façon particulière dans ce livre ne signifie en aucune façon que ces noms peuvent être utilisés sans restriction à l'égard de la législation pour la protection des marques et des marques déposées et pourraient donc être utilisés par quiconque.

Coverbild / Photo de couverture: www.ingimage.com

Verlag / Editeur:
Presses Académiques Francophones
ist ein Imprint der / est une marque déposée de
OmniScriptum GmbH & Co. KG
Heinrich-Böcking-Str. 6-8, 66121 Saarbrücken, Deutschland / Allemagne
Email: info@presses-academiques.com

Herstellung: siehe letzte Seite /
Impression: voir la dernière page
ISBN: 978-3-8416-2966-1

La Création du féminisme français par les féministes anglophones

Le cas dans les années '80 et '90

Caroline Crawford

Sous la direction de:
Professeur Michèle Hannoosh
Professeur Jarrod Hayes

Honors Thesis
Présentée en Avril 2009 à l'Université du Michigan, Ann Arbor

TABLE DE MATIERES

INTRODUCTION

Il est impossible de changer le fait qu'en promulguant le féminisme français dans le monde anglophone, les féministes anglophones se sont concentrées sur certains aspects du mouvement féministe en France. De nos jours, il y a beaucoup à apprendre de la définition du féminisme français par les féministes anglophones, et du conflit interne en France et outre-mer. Les jours du débat passionné ont largement passé, et des disputes se sont instaurées, mais le débat n'est pas entièrement terminé.

Définir un mouvement dans son ensemble est difficile ; néanmoins, il existe de nombreux efforts pour définir le mouvement féministe français. Le féminisme français est un grand ensemble de textes, de pensées, et d'actions très diverses qui a été produit depuis la fin des années 1940 en France. La diversité de ce mouvement en France est en partie le résultat du développement historique du mouvement, mais ce contexte historique est peu reconnu, surtout chez les féministes anglophones. Le féminisme français inclut des théories et des approches hétérogènes, mais la conception du mouvement par les Anglophones ne reflète pas cette vérité. La construction du féminisme français, dans beaucoup d'ouvrages anglophones, est basée sur les théories de Julia Kristeva, Hélène Cixous et Luce Irigaray ; pour eux, ces écrivaines représentent le féminisme français, à travers un corpus d'œuvres théoriques, et spécifiquement les théories du group Psychanalyse et Politique, dont les trois femmes faisaient partie. Dans cette conception du développement du mouvement, Simone de Beauvoir est présentée comme le point de départ du féminisme français. Souvent, les Anglophones mettent en contraste le matérialisme beauvoirien et l'essentialisme de Kristeva, Cixous et Irigaray. Je reviendrai sur ces termes plus loin.

Cependant, la conception du féminisme français par les Anglophones pose quelques problèmes en présentant les théories du mouvement comme homogènes et cohérentes entre elles. En vérité, il existe une diversité parmi ces quatre écrivaines qu'à l'intérieur de l'œuvre

4

de chacune. En analysant une sélection de textes par les écrivaines « exemplaires » du féminisme français, il est possible d'arriver à une représentation et à une compréhension plus hétérogènes du mouvement. C'est ce que je propose de faire dans ce mémoire.

Ce point de vue limité chez les Anglophones résulte en partie d'une concentration sur un groupe de textes lui-même limité. Je proposerai que l'étude d'un champ plus large de la production littéraire de Beauvoir, Kristeva, Cixous, et Irigaray nous donne une image différente de leur féminisme. Ce champ plus large inclut, par exemple, les œuvres créatives (Le Livre de Prométhéa), les œuvres critiques et philosophiques (Le Deuxième Sexe, 'Egales ou Différentes ?', 'Prédit', 'Le Temps des femmes', 'L'Incontournable Volume', 'Sorties'), les œuvres autobiographiques (Les Mémoires d'une jeune fille rangée), ou même les entretiens ('Pouvoir du discours/Subordination du féminin'). Une étude de cette gamme de travail fournira une compréhension plus complète du féminisme de ces écrivaines.

La conception du féminisme français par les Anglophones indique un vouloir de mieux comprendre leur propre mouvement. Ceci comporte des problèmes : étudier un mouvement en relation avec son propre mouvement peut marginaliser certaines caractéristiques en focalisant sur les aspects qui nous sont utiles. Cette perspective, qu'on a appelée « égocentrique, » est presque impossible à éviter : « interest in the 'other' is rarely for the other's benefit but more egoistically to gain a better understanding of oneself » (Gambaudo 105). La tentative apparente de différencier les courants du féminisme en créant un « autre » est encore plus problématique parce que les Anglophones ont peu fait pour essayer de présenter au monde anglophone le féminisme français dans son ensemble. Il est possible que les féministes anglophones n'aient pas voulu rendre plus difficile la compréhension d'un mouvement étranger ; comparer les auteurs français ou les comparer aux Anglophones ferait ressortir des différences parmi les Français elles-mêmes, et des similitudes entre les féministes français et anglophones (Delphy « The Invention » 190). Une telle lecture complique une comparaison en noir et blanc des deux types de féminisme et ne garantirait pas que le féminisme français soit utile pour atteindre les buts du mouvement anglophone.

La capacité du mouvement anglophone de limiter l'information de cette façon suggère une relation « impérialiste » (Delphy « The Invention ») des féministes anglophones par rapport aux féministes français. Malgré l'existence de beaucoup de groupes féministes en France, et de plus, l'existence de traductions en anglais des œuvres de « self-defined French feminists »[1] (Moses 272), ces livres et ces auteurs ne sont pas reconnus dans le monde anglophone comme le sont Kristeva, Cixous, Irigaray et Beauvoir. Comme l'explique Claire Moses,

> …It is the US feminists who are in the dominant position and who have expropriated one aspect of French culture for purposes here [in the US], with little regard for the French or the French context….expropriat[ing] an aspect of their culture by decontextualizing it and using it for [their] own purposes, with little interest for the people themselves. (Moses 276)

Ce manque de reconnaissance de la situation vécue par les femmes et les féministes en France néglige d'autres féministes français qui ont vu Kristeva, Cixous et Irigaray comme hors du débat féministe, et même contre le mouvement (Delphy « The Invention »). Je soutiens qu'une telle diversité existe dans l'œuvre de ces féministes français emblématiques que sont Beauvoir, Kristeva, Cixous et Irigaray.

Alors, pourquoi créer une conception du féminisme français qui ne tient pas compte de la totalité du contexte historique en France ? Je suggère que les Anglophones désiraient créer une identité unie de leur mouvement. Les années 1980 ont été une période de justification théorique et alors la présentation de deux mouvements homologues—français et anglo-américaine—aidait à créer la propre identité du mouvement anglophone. À cette époque-là, la différence des sexes n'était pas, dans les théories ayant cours, célébrée, et la

---

[1] Par exemple: Christine Delphy, Colette Guillaumin, Michèle Le Doeuf, Monique Wittig, Nicole-Claude Mathieu (Moses)

seule façon de mettre le mouvement anglophone en dialogue avec des théories autres, différentes des leurs, était de les présenter comme un mouvement étranger mais aussi cohérent que leur propre mouvement.

Dans ce mémoire, je tâcherai de comprendre l'utilité du féminisme français pour les Anglophones en analysant une sélection de textes par Simone de Beauvoir, Julia Kristeva, Hélène Cixous et Luce Irigaray, qui représentaient, pour les féministes anglophones, le féminisme français. En explorant comment chaque femme a été représentée, j'esquisserai pourquoi chaque femme a été incluse dans la conception du féminisme français. Cette analyse montrera comment les théories de Kristeva, Cixous et Irigaray ont été amalgamées et définies comme essentialistes, par rapport à un « égalitarisme » beauvoirien. Je remettrai en question cette amalgamation de théories, pour décider jusqu'à quel point elle est valable. Ensuite, je ferai une analyse des similitudes et des différences pour montrer que présenter un féminisme français théorique uni permettait aux Anglophones l'ouverture d'un débat théorique (essentialiste), sans devoir activement remettre en question le mouvement anglophone.

SIMONE DE BEAUVOIR

Certes, Simone de Beauvoir est une écrivaine et féministe française qui est reconnue partout dans le monde, et son œuvre continue à être étudiée trente ans après sa mort. Je tâche de comprendre l'utilisation de ses textes, spécifiquement Le Deuxième Sexe et Mémoires d'une jeune fille rangée, par les féministes américaines dans leur construction du féminisme français. J'étudierai l'interprétation et l'emploi de ces textes par des féministes anglophones.

En général, les textes et les théories de Simone de Beauvoir sont utilisés par les féministes anglophones pour contraster le féminisme égalitaire et un féminisme fondé sur la différence. Beauvoir représenterait un anti-essentialisme (un matérialisme, ce qu'on appelle en anglais *social constructionism*) tandis que les autres féministes français (Kristeva, Cixous, Irigaray) représenteraient un essentialisme qui valorise la féminité et la spécificité de la femme (Schor and Weed), et qui met en question le féminisme beauvoirien :

> Simone de Beauvoir's feminism, which views sexual difference as necessarily a source of oppression, has been most seriously called into question by the theoretical writings that emerged with the French women's movement in the 1970s. For writers otherwise as diverse as Hélène Cixous and Luce Irigaray, it is precisely women's difference, repressed by the phallocentric discourse of Western humanist tradition, that is the source of her potential liberation. (Kaufmann 121)

À cause de cette oppression qui vient de la différence sexuelle, Beauvoir cherche à gagner pour les femmes une position sociale égale à la position des hommes. Cette quête d'égalité est critiquée par les Anglophones ; pour être vue comme l'égale de l'homme, la femme doit être masculinisée, et alors les besoins de la femme sont dépréciés tandis que la similitude des hommes et des femmes est accentuée. Dans l'ordre patriarcal, cet universalisme est souligné et la féminité est dévalorisée. Plus encore, l'égalitarisme beauvoirien s'applique seulement à la sphère publique et civique, et non à la sphère privée. En revanche, les féministes partisans de la différence cherchaient à trouver et à transformer l'ordre social et symbolique pour valoriser la féminité (Schor and Weed). Pour les féministes anglophones, Beauvoir est alors le champion d'un féminisme qui cherche à améliorer la place des femmes dans l'ordre patriarcal existant. La préférence accordée à Kristeva, Cixous, et Irigaray par les féministes anglophones relègue Beauvoir à une place inférieure : « …the great majority of American feminists criticize Beauvoir for being male-identified in one way or another, and for failing to appreciate the virtues of women » (Moi 201). Les Anglophones interprètent la contribution que font Kristeva, Cixous et Irigaray au féminisme comme plus importante, et soulignent le fait que Beauvoir avait été critiquée par elles et par le mouvement Psych et Po (Moi 169-232).

Cependant, Beauvoir est souvent interprétée différemment par les féministes français. Plutôt que faire une analyse statique de l'œuvre Beauvoir, les Français reconnaissent l'évolution de sa théorie du naturalisme au matérialisme : « Or en 1949, d'une part le texte beauvoirien comporte parfois d'étranges propos ouvertement ou implicitement naturalistes. D'autre part cette critique n'est *pas encore* (mais elle le deviendra plus tard) une critique matérialiste » (Armengaud 25). Le concept du féminisme chez Beauvoir est flou ; il change au cours de sa vie, et les Français ont reconnu le fait qu'une seule œuvre ne peut pas représenter sa théorie toute entière (Armengaud 26-32). Le Deuxième Sexe était seulement un point de départ dans la réalisation du féminisme beauvoirien. Ceux qui critiquent le désir d'égalité de Beauvoir ne sont donc pas importantes ; son engagement militant dans le mouvement féministe pour réaliser des droits pour les femmes, non seulement par rapport aux hommes (comme le droit à l'avortement) (Delphy, « Introduction » 193), montre que Beauvoir ne veut pas simplement subjuguer les femmes aux hommes.

Analysons Le Deuxième Sexe et Les Mémoires d'une jeune fille rangée pour essayer de mieux comprendre la théorie que Beauvoir y présente. Dans Le Deuxième Sexe, on peut voir ses opinions sur la différence sexuelle; le concept de la femme comme autre, et inférieure ; et ses idées sur l'indépendance féminine. Beauvoir postule que la femme ne peut pas « se situer par-delà de son sexe » (1 : 13), et alors elle croit à une sorte de naturalisme. Cependant, elle propose que les deux catégories d'individu ne sont pas seulement basées sur le corps et la biologie, mais surtout sur des aspects matériaux : « les vêtements, le visage, le corps, les sourires, la démarche, les intérêts, les occupations sont manifestement différents » (1 : 14). La femme, dans la société occidentale, est inférieure à l'homme, et elle se définit seulement par rapport à lui : « Elle se détermine et se différencie par rapport à l'homme et non celui-ci par rapport à elle ; elle est l'inessentiel en face de l'essentiel. Il est le Sujet, il est l'Absolu : elle est l'Autre. / La catégorie de l'*Autre* est aussi originelle que la conscience elle-même » (1 : 15-17). Donc, la femme est la face négative de l'homme, et elle doit assumer un rôle passif tandis que l'homme assume un rôle actif. L'homme se justifie

9

simplement en étant homme, mais la femme doit toujours se justifier parce qu'elle n'est pas un homme.

À cause de son infériorité, écrit Beauvoir, la femme envie à l'homme, mais seulement « si elle éprouve sa féminité comme une mutilation ; et c'est alors en tant qu'il incarne tous les privilèges de la virilité qu'elle souhaite s'approprier l'organe mâle » (2 : 483). Certaines féministes anglophones soutiennent que Beauvoir elle-même voit sa féminité comme inférieure. Elle n'a pas une bonne opinion de l'anatomie femelle ou de la maternité. En contraste avec le pénis, elle décrit le vagin comme une chose affreuse : « Le sexe de l'homme est propre et simple comme un doigt ; il s'exhibe avec innocence… ; le sexe féminin est mystérieux pour la femme elle-même, caché, tourmenté, muqueux, humide ; il saigne chaque mois, il est parfois souillé d'humeurs, il a une vie secrète et dangereuse » (Deuxième Sexe 2 : 147). Plus encore, elle parle du risque et danger que présente la grossesse, et elle voit la maternité plutôt comme une servitude qu'une joie (Moi 168-232). De l'autre côté, elle valorise le pénis, parce qu'il est l'instrument avec lequel l'homme peut assumer sa subjectivité et devenir actif : « 'The penis is regarded by the subject as at once himself and other than himself' (SS79 ; DSa90) » (Moi 179). Donc, grâce à sa relation subjective avec son pénis, l'homme a une aliénation complète qui lui donne sa subjectivité (Moi 168-232). Par contre, l'aliénation de la femme existe dans le corps tout entier. Cette aliénation n'est pas complète, parce que la femme n'a pas un organe sexuel extérieur pour lui donner sa subjectivité : « …the difference between the whole body and the penis is that the body can never be considered simply an object in the world for its 'owner' : the body, after all, is our mode of existing in the world » (Moi 180). La subjectivité de la femme est mise en question et elle a donc du à se placer activement dans le monde.

Dans Le Deuxième Sexe, Beauvoir fait un contraste entre la féminité mythique, que fixe l'essence de la femme, et trois types de femmes actuels : « traditionally oppressed women, independent women, and the free women of the future » (Moi 210). Elle fait un contraste entre la femme moderne (*independent woman*) et la femme émancipée. Dans sa description de la femme 'moderne,' on voit que cette femme se met en rapport avec l'ordre patriarcal : « la femme 'moderne' accepte les valeurs masculines : elle se pique de penser, agir, travailler, créer au même titre que les mâles ; au lieu de chercher à les ravaler, elle affirme qu'elle s'égale à eux » (Deuxième Sexe 2 : 485). Ceci fait contraste avec la femme 'émancipée', qui cherche à être active plutôt que passive, sans devoir se placer dans l'ordre masculin. Pour Beauvoir, la femme pourrait être active si elle avait les mêmes chances que l'homme pendant l'enfance ; elle n'aurait pas un complexe d'infériorité, et elle pourrait « vivre comme un rapport d'égal à égal » (2 : 498). Ce type de rapport d'« égal à égal » est souvent vu comme une soumission à l'ordre patriarcal, mais pour Beauvoir, ce type d'égalité évoque plutôt la réalisation d'un universalisme où le patriarcal n'existerait plus. Cela serait une relation plus réciproque entre l'homme et la femme : « Affranchir la femme, c'est refuser de l'enfermer dans les rapports qu'elle soutient avec l'homme, mais non les nier ; qu'elle se pose pour-soi elle n'en continuera pas moins à exister aussi pour lui : se reconnaissant mutuellement comme sujet chacun demeurera cependant pour l'autre un *autre* » (2 : 576).

À la fin du Deuxième Sexe, Beauvoir se distingue du féminisme de différence : « ...ceux qui parlent tant d' 'égalité dans la différence' auraient mauvaise grâce à ne pas m'accorder qu'il puisse exister des différences dans l'égalité » (2 : 503). C'est-à-dire qu'elle ne serait pas d'accord avec un féminisme qui séparerait la femme de l'homme ; elle veut mettre la femme dans l'ordre masculin puisque cela abolirait l'ordre même, en le restructurant sur une égalité totale des sexes. Si l'égalité était réalisée, l'ordre patriarcal serait bouleversé et radicalement réorganisé. À la fin du livre, Beauvoir plaide donc pour la fin de la différence : « ...pour remporter cette suprême victoire [de la liberté de l'homme] il est entre autres nécessaire que par-delà leurs différentiations naturelles homme et femmes affirment sans équivoque leur fraternité » (2 : 504). Il pourrait sembler qu'il est peut-être plus nécessaire pour l'homme d'affirmer sa fraternité avec la femme. Certes, pour les féministes anglophones, une telle lecture aurait pu servir comme l'exemple d'un féminisme incomplet, surtout en comparaison avec d'autres féministes français (Kristeva, Cixous, Irigaray) plus radicales qui voulaient valoriser la différence des sexes et non pas une égalité dans la sphère publique dominée par les hommes. Pour les Anglophones, la théorie beauvoirienne sert donc comme point de départ, comme justification, pour la théorie des féministes de différence fondée sur l'essentialisme et la valorisation de la féminité.

Alors que dans Le Deuxième Sexe, Beauvoir décrit en termes généraux la femme et sa situation dans la société, dans Les Mémoires d'une jeune fille rangée, elle décrit sa propre enfance traditionnelle, dans laquelle on peut voir l'influence de l'ordre patriarcal. Elle observe cet ordre, qui confirme l'infériorité des femmes. Elle écrit que, chez ses parents, sa mère était soumise à la supériorité de son père : « À la maison, sa prééminence était indiscutée ; ma mère, plus jeune que lui de huit ans, la reconnaissait de bon cœur : c'était lui qui l'avait initiée à la vie et aux livres. 'La femme est ce que son mari la fait, c'est à lui de la former,' disait-il souvent » (37). La passivité volontairement assumée par sa mère reflète le système patriarcal de la société, et indique à quel point Beauvoir a vécu dans l'ordre masculin. Beauvoir, voulant être respectée comme l'homme, ne se sépare pas totalement de ce système ; elle avoue que, dès son enfance, il existait une allure dans la subjugation (quoique intellectuelle) dans l'amour : « J'aimerais, le jour où un homme me subjuguerait par son intelligence, sa culture, son autorité » (139). On peut comparer à cette remarque sa description de la femme amoureuse dans Le Deuxième Sexe. Comme elle y observe,

> Puisqu'elle est de toute façon condamnée à la dépendance [au sujet souverain], plutôt que d'obéir des tyrans—parents, mari, protecteur—elle préfère servir un Dieu ; elle choisit de vouloir si ardemment son esclavage qu'il lui apparaître comme l'expression de sa liberté ; elle s'efforcera de surmonter sa situation d'objet inessentiel en l'assumant radicalement ;… : elle s'anéantira devant lui. L'amour devient pour elle une religion. (2 : 478)

Cette citation exprime une sorte de décision faite par les femmes de vénérer le sujet souverain comme un « Dieu » même si en réalité cette personne exerce son pouvoir d'une façon tyrannique. Cela insinue que la femme préfère changer son point de vue envers les hommes pour se faire sentir que sa position inférieure est méritée, même si ce n'est pas le cas en vérité. Certes, sa description dans Le Deuxième Sexe est extrême ; et son désir de la subjugation n'indique pas un tel amour ; mais il est quand même intéressant de comparer ce sentiment à la façon dont Beauvoir a mené sa propre vie.

Le sentiment d'un désir de la subjugation n'est pas souvent avoué chez les féministes. Mais dans Les Mémoires, Beauvoir ne nie pas son désir de trouver un homme qui est son supérieur. Quand elle a fait la connaissance de Jean Paul Sartre, « C'était la première fois de ma vie que je me sentais intellectuellement dominée par quelqu'un » (330). Par ailleurs, « Sartre répondait exactement au vœu de mes quinze ans : il était le double en qui je retrouvais, portées à l'incandescence, toutes mes manies. Avec lui, je pourrais toujours tout partager » (331). Cette subjugation paraît contre les buts de féminisme. Beauvoir, en effet, cherche à avoir une relation dans laquelle elle se voit inférieure. Beauvoir avait un respect pour son intelligence supérieure parce qu'elle pouvait apprendre et ne s'ennuyait pas avec lui. Donc, le niveau auquel Sartre et Beauvoir s'entendaient-ils était important pour elle. Il est possible de dire que Beauvoir voulait avoir une relation amoureuse dans laquelle elle était intellectuellement inférieure parce qu'elle cherchait toujours une meilleure compréhension de la vie, plutôt qu'elle pensait que sa position devait être intrinsèquement inférieure à cause de son sexe. Cette quête pour une meilleure compréhension est aussi un thème dans les textes de Kristeva, Cixous et Irigaray.

Surtout dans le cas des Mémoires, les Anglophones ne situent pas Beauvoir dans le contexte historique de son époque. Elles ne se concentrent pas sur le pourquoi du féminisme égalitaire, parce qu'elles veulent seulement le présenter comme un but incomplet ; mais en fait, Beauvoir était très révolutionnaire parmi ses contemporains. Demander pourquoi les femmes en France ne se voyaient pas hors du contexte de l'homme, voire subordonné à lui, cela veut dire que les Anglophones devraient se regarder d'une façon plus critique aussi, parce que c'est sûr que les féministes égalitaires existaient aussi dans le monde anglophone. Néanmoins, les Anglophones s'intéressaient sur la théorie que Beauvoir esquisse dans son œuvre, minimisant le contexte historique qui l'avait influencée. En effet, le travail sur Beauvoir est seulement un moyen d'arriver à leurs propres fins.

Plus encore, la subjugation apparente de Beauvoir dans Les Mémoires est paradoxale : elle a agrandi dans une société dominé par l'homme et donc elle ne peut pas éviter son influence, mais son choix de carrière lui donne une sorte de liberté : dans Les Mémoires, « …she offers the reader a seductive paradox, that of an avowedly 'dutiful' daughter who nonetheless manages to escape, through the subversive act of writing, from the bonds of her socioeconomic and psychological milieu » (Portuges 108). Elle a vécu une enfance traditionnelle, dominée par l'ordre patriarcal avec toutes les contraintes que cela comporte. En effet, Les Mémoires sont une mise en scène de cet ordre. En écrivant sur sa vie dans cet ordre, Beauvoir renverse l'ordre lui-même, notamment dans l'écriture, en racontant son histoire. Le choix de présenter son enfance dans la forme d'un mémoire indique encore ce renversement. Pourquoi ce choix ? Le mémoire est une forme particulière, puisque l'auteur crée une histoire de sa vie, et le lecteur est supposé tenir cette histoire pour la vérité. Cependant, tout mémoire est une relecture, un re-écriture, une nouvelle version d'une histoire vécue. Il est donc très révélateur de voir quels événements Beauvoir a choisi d'inclure, et de quelle façon elle les décrit dans le texte. Les Mémoires incluent des aspects qui reflètent l'ordre patriarcal et même l'influence importante de cet ordre sur Beauvoir mais dans la présentation de son histoire, elle réussit à le rejeter.

On pourrait dire que Les Mémoires reflètent des idées de Beauvoir sur la relation des sexes qui sont semblables à celles du Deuxième Sexe. Dans les deux livres, elle fait remarquer souvent que les femmes sont égales aux hommes, mais qu'il existe néanmoins deux mesures d'égalité. Dans Le Deuxième Sexe, elle compare ce système de deux mesures aux lois Jim Crow : « ...consentait-on à accorder à *l'autre* sexe 'l'égalité dans la différence'. Cette formule qui a fait fortune est très significative : c'est exactement celle qu'utilisent à propos des Noirs d'Amériques les lois Jim Crow ; or cette ségrégation soi-disant égalitaire n'a servi qu'à introduire les plus extrêmes discriminations » (1 : 26). Pareillement, dans Les Mémoires Beauvoir s'oppose spécifiquement à la place de la femme dans la vie sexuelle et domestique. Elle explique les deux poids, les deux mesures qu'elle y voit : « Un homme qui demeurait vierge passé dix-huit ans, c'était à ses yeux (Herbaud) un névrosé ; mais il prétendait que la femme ne devait se donner qu'en légitimes noces. Moi, je n'admettais pas qu'il y eût deux poids et deux mesures » (312). Donc, elle voit l'inégalité dans les opinions des personnes dans sa vie, et elle a une réalisation : « Je ne blâmais plus Jacques ; mais du coup, j'accordais à présent aux femmes comme aux hommes la libre disposition de leurs corps » (312). Elle réitère ce sentiment souvent au fil de l'histoire, donnant une opinion positive de l'égalité universelle des sexes : « ...hommes et femmes étaient au même titre des personnes et j'exigeais entre eux une exacte réciprocité » (182). À son avis, les hommes et les femmes font partie d'une humanité universelle, et donc ont le droit d'une égalité réciproque. Cependant, elle ne dit jamais qu'elle avait pensé à être féministe, en général à cause de son indifférence envers la politique.

Il semblerait contradictoire qu'elle ait vu l'égalité des sexes mais qu'elle n'ait pas voulu travailler activement pour un changement de la position des femmes dans la vie publique qui mettait la femme dans une position inférieure. Mais en cherchant à trouver « une exacte réciprocité, » elle exprime quand même un sentiment progressif, qui reflète même les opinions de Cixous, Kristeva, et Irigaray, qu'il faut dépasser l'ordre actuel de la société. Une chose unique chez Beauvoir est qu'elle pense que les hommes sont aussi, d'une certaine façon, des prisonniers de la société—eux aussi doivent se marier, et trouver un travail pour soutenir la famille. Dans un passage du texte, elle se compare à son cousin Jacques (son ami intime à cette époque), et il est clair qu'elle a les opinions plus radicales que lui : « il ne songeait pas à changer la vie, mais à s'y adapter. Moi, je cherchais un dépassement » (209). En écrivant cela, on voit que Beauvoir se rend compte qu'elle est plus capable, même qu'un homme, de voir la possibilité d'une société future différente.

Même si Beauvoir cherchait à trouver l'égalité avec les hommes, elle ne rejette pas sa féminité. Ironiquement, elle avoue qu'elle profite de la place intellectuellement inférieure de la femme, puisque « Ce handicap donnait à mes réussites un éclat plus rare qu'à celles des étudiants mâles : il me suffisait de les égaler pour me sentir exceptionnelle… » (284). Dans ce sens, Beauvoir renverse l'ordre parce qu'elle comprend sa structure et réussit à l'exploiter. Certes, elle veut conquérir l'estime des étudiants mâles, mais en même temps, elle pense que les hommes sont ses camarades et non pas des adversaires. Quand elle réussit à atteindre le respect de ses camarades mâles, elle pense être accepté comme leur égale ; par contre, elle reconnaissait un autre sentiment chez les femmes : « Leur bienveillance m'évita de prendre jamais cette attitude de 'challenge' qui m'agaça plus tard chez les féministes américaines » (284). Il existe un paradoxe intéressant dans cette opinion : Beauvoir veut être acceptée par les hommes, mais quand elle réussit à l'être, elle se voit leur égale absolue. En outre, elle se sent toujours en concurrence avec les autres femmes ; une rivalité qui est plus intense, peut-être, parce qu'elles toutes sont en lutte contre l'ordre patriarcal. Cette perception crée une tension entre les femmes qui diffère de la façon dont Beauvoir rivalise avec les hommes pour être acceptée par eux.

En dépit de tous ses efforts de se trouver l'égale de l'homme, Beauvoir ne nie pas dans Les Mémoires le sexe féminin. Elle trouve que ses amies féminines ont beaucoup de qualités plus estimables que ses amis masculins : elles étaient « plus sensibles, plus généreuses..., mieux douée pour le rêve, les larmes, l'amour » (285). En ce sens, Beauvoir soutient l'essence de la féminité, comme Kristeva, Cixous, et Irigaray. Beauvoir se flattait « d'unir en moi 'un cœur de femme, un cerveau d'homme.' Je me retrouvai l'Unique » (285). Donc, pour elle, il n'est pas nécessaire de ne valoriser que les aspects estimables de la féminité, mais aussi les aspects estimables du masculin; elle se distingue alors des féministes essentialistes. De plus, quant à l'amour, Beauvoir exprime des idées semblables à celles-ci: « Je trouvais gênant que des époux fussent rivés l'un à l'autre par des contraintes matérielles : le seul lien entre des gens qui s'aiment aurait dû être l'amour » (313). Cette déclaration du désir de placer l'amour au-dessus des contraintes économiques reflète en particulier la théorie de Cixous (l'économie du don) sur ce sujet, que j'esquisserai ci-dessous.

L'écriture des Mémoires est un acte qui jette un défi à l'ordre partriarcal. Il est intéressant que ce livre ne figure pas souvent dans les discussions sur Beauvoir chez les féministes américaines. Peut-être le voient-elles comme moins valable puisque c'est un mémoire, ou que c'est simplement un renforcement de l'ordre patriarcal qui indique à quel point cet ordre avait influencé les théories de Beauvoir. Cependant, Les Mémoires sont plus complexes que cela, et nous montrent le désir chez Beauvoir de dépasser l'ordre patriarcal pour trouver un universalisme fondé sur l'égalité de sexes, et qui valorise les qualités et féminines et masculines.

JULIA KRISTEVA

Les féministes anglophones font souvent contraster Julia Kristeva et l'égalitarisme de Simone de Beauvoir pour exemplifier la théorie de la différence (l'essentialisme). Kristeva pose un problème unique au féminisme parce qu'elle se considère plutôt philosophe que féministe. Depuis les années 1970, elle pratique la psychanalyse, et elle fait partie de la Faculté à l'Université de Paris VII (Olivier ix). Plus encore, elle exprime son désaccord avec le mouvement féministe. Néanmoins, les féministes anglophones s'intéressent à son œuvre, peut-être même du fait de l'existence de ces contradictions. Selon eux, « Kristeva wishes to go beyond the notion of a women's world as a separate cultural space, in order to situate the struggle in a wider context » (Burke 849). L'idée d'aller au-delà d'un espace culturel à part évoque une opposition au monisme, qui renforce l'ordre patriarcal de la culture occidentale (Burke 849). Pour les anglophones, inclure Kristeva dans la discussion sur le féminisme, c'est entrer en dialogue avec les anti-féministes, ou plutôt avec un autre féminisme:

> Kristeva too appears to reject feminism as a fundamentally unanalyzed view, caught in the concept of a separate identity and unaware of the nature of its relation to political power….She proposes an alternative to feminism which would acknowledge our theoretical bisexuality….We would then be in a position to uncover the repressed sexuality of signification. (Burke 849)

Les féministes anglophones ont proposé l'idée que pour Kristeva, la résistance aux conventions de culture et de langage représente l'attitude de la femme (Jones 249)—pour elle, une affirmation de la différence et un retour à la maternité sont nécessaires pour reconstruire l'ordre social.

Les théories de Kristeva sont utiles pour les féministes anglophones à cause des aspects essentialistes qu'elles renferment. Dans « Le Temps des femmes, » surtout, Kristeva propose une conception du temps et de l'espace unique aux femmes. Un groupe de féministes anglophones a présenté cette conception aux autres féministes anglophones ; c'est une conception qui était nouvelle, à l'époque, chez les Anglophones: « In fact, the article [Women's Time] was published only two years ago [1979], but in theoretical time and space totally alien to most American feminist itineraries. At the same time, it is important for it represents a certain number of configurations which American feminists are only now having

18

to come to terms with » (Jardine 6). Jardine explique un conflit interne qui existe pour la féministe anglophone qui lit Kristeva. D'un côté, il existe une affirmation de l'importance de son idée que l'identité de la femme est unique, et de l'autre côté, il existe un refus de la même idée à cause d'un sentiment chez elles de régression dans le passé. Dans ce sens, les Anglophones sont en conflit ; elles ne savent pas s'il vaut mieux valoriser les qualités féminines, ou si, au contraire, ces qualités mettent les femmes encore une fois dans la sphère privée et ne les donnent pas un pouvoir actif dans la société.

Il est vrai que Kristeva joue avec l'essentialisme. Mais elle présente un point de vue unique qui est poétique et théorique. Dans « Le Temps des femmes, » Kristeva écrit que « …nous sommes affrontés à deux dimensions temporelles : le temps d'une histoire linéaire, *cursive* (comme disait Nietzsche), et le temps d'une autre histoire, un autre temps donc, *monumental* (toujours selon lui), qui englobe dans des entités encore plus grandes ces ensembles socio-culturels supra-nationaux » (6). Cette conception lie l'identité avec l'histoire cursive (ou cyclique) et la perte d'identité avec l'histoire monumentale. La subjectivité féminine se base alors sur la répétition (le temps cursive) et sur l'éternité (le temps monumental), et ces qualités lie la subjectivité féminine au maternel : « D'un côté : cycles, gestation, éternel retour d'un rythme biologique qui s'accorde à celui de la nature, et dicte une temporalité dont la stéréotype peut choquer mais dont la régularité et l'unisson avec ce qui est vécu comme un temps extra-subjectif, un temps cosmique, est l'occasion d'éblouissements, de jouissance innommables » (7). Pour Kristeva, les deux temporalités sont aussi liées au mythique; les mythes grecs et romains, l'histoire chrétienne ; puisqu'il y existe des aspects de la répétition et d'un temps monumental. De plus, elle avoue que les temporalités féminines ne s'appliquent qu'aux qualités féminines :

> Que ces deux types de temporalités…soient traditionnellement liées à la subjectivité
> féminine pour autant qu'elle est pensée comme nécessairement maternelle, ne doit pas
> laisser oublier qu'on les retrouve, répétition et éternité, comme des conceptions
> fondamentales sinon uniques du temps dans de nombreuses civilisations et

expériences en particulier mystiques. Que certains courants du féminisme moderne s'y reconnaissent, ne les rend pas foncièrement incompatibles avec des valeurs 'masculines.' (7)

Mais ce partage de temporalités par la subjectivité féminine et la subjectivité masculine n'est pas la racine du problème. Il est le temps linéaire qui est problématique : « Il s'agit du temps comme projet, téléologie, déroulement linéaire et prospectif ; le temps du départ, du cheminement et de l'arrivée, bref le temps de l'histoire….ce temps…est celui du langage » (7). Kristeva nous dit que ce temps linéaire pose un problème parce que c'est « la véritable structure de l'esclavage » (7) qui cherche « la maîtrise du temps » (7). Comme solution, Kristeva propose qu'il faut célébrer l'hétérogénéité de la perspective féminine. Elle soutient que plutôt que rejeter le fait de la différence de sexes, il faut garantir que « la *différence fondamentale* réelle entre les deux sexes » (8) soit créée dans la multiplicité des perspectives et des préoccupations féminines. Malheureusement, c'est une différence « que le féminisme a eu l'énorme mérite de rendre douloureuse, c'est-à-dire productrice de surprises et de vie symbolique dans une civilisation qui, en dehors de la bourse et des guerres, ne fait que s'ennuyer » (8). C'est-à-dire que, pour Kristeva, la spécificité du sexe féminin n'est pas une chose affreuse, mais la valorisation de la spécificité féminine est empêchée par la temporalité linéaire « qu'on qualifie facilement de masculine et…civilisationnelle » (8).

Qui plus est, Kristeva fait une critique des deux premiers courants du féminisme en France et elle définit une nouvelle génération qui en prend la relève. Les deux premières générations auraient consisté en 1) les suffragistes et les féministes existentielles et 2) les féministes psychanalytiques et esthétiques. Le premier mouvement se base sur la globalisation et l'universalisation des luttes de femmes. Dans ce modèle, le temps est linéaire, et chaque progression temporelle est liée au progrès du mouvement. Donc, chaque progression doit être 'meilleure' que la dernière, sinon, ce n'est pas valable. De l'autre côté, le deuxième mouvement refuse cette idée du temps linéaire pour étudier la dynamique de signes. Kristeva critique ce deuxième courant pour sa dépendance sur le socialisme et le Freudianisme, ce qui serait responsable de son insuccès. Le socialisme est basé sur l'égalité, et donc la distinction des sexes n'existe pas. Il demande l'égalité économique, politique, professionnelle et sexuelle. Les trois premiers types d'égalité ont été, selon Kristeva, plus ou moins gagnées, mais elle soutient que ces types d'égalité existent déjà dans le système patriarcal. Donc, l'égalité sexuelle n'est pas gagnée; seul un changement de l'ordre social la réaliserait. Le socialisme renforce, ainsi, l'ordre symbolique du patriarcat.

Par contraste d'avec le socialisme, le Freudianisme établit très clairement la différence des sexes. Cette théorie est, en termes généraux, formée autour les idées de castration et l'envie du pénis. La castration se base sur la séparation : « ...l'instauration d'un *réseau articulé de différences*, se référant à des objets désormais et ainsi seulement séparés d'un sujet, constitue du *sens* » (11). Mais pour les femmes, cette logique du sacrifice et de la séparation est difficile. La séparation de la mère est différente pour la femme que pour l'homme, parce que c'est plutôt un abandon qu'une séparation. La femme doit abandonner le même sexe, ce qui est encore plus difficile. Donc, aux yeux de Kristeva, un concept freudien du système symbolique n'est pas compatible avec le féminisme.

Kristeva pense que cette étude des signes commence à placer le féminisme hors du temps linéaire, mais elle ne suffit pas pour un retour total au mythique. Comme solution, Kristeva propose qu'une nouvelle génération féministe devrait valoriser la maternité. En particulier, elle voit les mères célibataires comme le rejet total de l'ordre symbolique, puisqu'elles vivent indépendamment de l'ordre patriarcal. À son avis, les femmes peuvent réjouir de la maternité, de cette spécificité féminine. Ce retour à la maternité est, il faut le dire, essentialiste. Simone de Beauvoir et les féministes égalitaires/matérialistes l'ont rejeté, largement parce qu'il ne pourrait pas se traduire par une égalité dans le système patriarcal. Alors, Kristeva s'oppose aux féminismes égalitaire et psychanalytique. On pourrait dire qu'elle soutiendrait l'antiessentialisme, en reconnaissant la différence parmi la spécificité féminine. De toute façon, il semble que les critiques de l'anti-féminisme de Kristeva sont sans fondement, mais ses vues posent des difficultés et pour les féministes anglophones et pour les féministes français. Pour les Anglophones, c'était utile d'ouvrir une discussion sur Kristeva, parce qu'elles pouvaient en discuter sans devoir prendre la responsabilité de ses théories, puisqu'elle ne faisait pas partie de leur propre mouvement. Mais pour les féministes français, Kristeva reste antiféministe et plus ou moins hors du débat réel en France, parce qu'elles ne voulaient pas incorporer ses idées essentialistes dans la lutte pour l'égalité féminine.

HELENE CIXOUS

Hélène Cixous est un autre féministe français dont l'inclusion dans la catégorie construite par les féministes anglophones est controversée. Quelques féministes français, comme Christine Delphy, par exemple, soutiennent que Cixous est antiféministe plutôt que féministe, et que son inclusion dans la catégorie « French Feminism » déforme et décontextualise le féminisme français.

Comme elles ont fait avec Kristeva, les féministes anglophones ont rangé les théories de Cixous dans la catégorie de l'essentialisme, en se concentrant sur sa théorie de la différence sexuelle. Plus encore, elles ont affirmé que Cixous « … asserted that feminism in general and the 'feminist' wing of the MLF [Mouvement de libération des femmes] are caught up in patriarchal ideology, that 'their activities tend to consolidate the existing order' » (Burke 850). Ce type d'antiféminisme reflète celui de Kristeva ; Cixous ne pense pas que le féminisme français puisse réaliser l'égalité. Prenant la différence sexuelle comme point de départ, Cixous pense que la spécificité féminine va renverser l'ordre patriarcal « to create new female discourses » (Jones 251). Pour les Anglophones, la puissance de la spécificité féminine semblait problématique, tout en donnant de l'espoir pour une augmentation du respect pour les qualités féminines. Les Anglophones tendent à éviter à tout prix l'essentialisme. Ann Rosalind Jones, une féministe anglophone, exprime les causes de ses doutes :

> How does the maternal tenderness or undemanding empathy threaten a Master? The liberating stance is, rather, the determination to analyze and put an end to the patriarchal structures that have produced those qualities without reference to the needs of women. I have another political objection to the concept of *féminité* as a bundle of Everywoman's psychosexual characteristics : it flattens out the lived differences among women. (257)

Mais elle justifie la valeur de la spécificité féminine :

> But I risk, after all this, overstating the case against féminité and l'écriture féminine, and that would mean a real loss. American feminists can appropriate two important elements, at least, from the French position: the critique of phallocentrism in all the material and ideological forms it has taken, and the call for new representations of women's consciousness….If we remember that women really share in an oppression on all levels, although it affects us each in different ways—if we can translate *féminité* into a concerted attack not only on language, but also directly upon sociosexual arrangements that keep us from our own potentials and from each other—then we are on our way to becoming 'les jeunes nées' envisioned by French feminisms at their best. (261)

Il est alors clair que beaucoup de féministes anglophones ont un rapport ambigu avec l'essentialisme. Elles se cachent en quelque sorte derrière cette théorie étrangère. Christine Delphy, en particulier, définit et analyse cette approche chez les féministes Anglophones, approche qui ouvre le débat mais ne rend pas les féministes anglophones coupables de l'existence de ces théories : « …in order to be able to distance themselves from, and not take full responsibility for, the ideas they were defending, …they could always take the stand that they were merely introducing Anglo-Americans to foreign ideas » (Delphy « The Invention » 169). Ironiquement, les Anglophones ont profité du respect pour la langue française et pour les idées qui viennent de la France, et voulaient présenter certaines théories comme « françaises » pour gagner plus de respect dans le monde intellectuel (Delphy « The Invention » 166-197).

Malgré toute l'ambivalence envers Cixous du côté anglophone et français, l'œuvre de Cixous présente un point de vue unique, grâce à la nature de sa participation dans le mouvement féministe en France. En 1974, elle a contribué à la création du Centre d'études féminines à l'Université de Paris VIII, en partie motivée par son étude des femmes dans la littérature, et de la signification de la sexualité et du corps (Sellers). Elle est entrée dans des débats avec le groupe Psych et Po et le chef de celui-ci, Antoinette Fouque, mais elle ne s'alignait pas avec un seul mouvement ou une seule cause (Sellers xxvi-xxxiv). Peut-être que cela indique une méfiance envers la tendance du mouvement féministe en France de travailler dans l'ordre masculin pour gagner l'égalité. Cixous croyait que la libération complète des femmes développerait un nouvel ordre socio-symbolique indépendant de la différence basée sur l'opposition et la destruction de « l'autre ». Les pôles masculin (défensif) et féminin (curieux et ouvert) existe, mais pour Cixous, il y a une fluidité entre les deux. En effet, Cixous postule que l'écriture féminine peut dépasser la structure bipolaire oppositionnelle de la société. Cette écriture (exemplifiée par l'écrivaine brésilienne Clarice Lispector, à l'avis de Cixous) utilise l'économie du don plutôt que l'économie de l'opposition (Sellers xxx). Dans plusieurs textes, Cixous esquisse ce concept. Je reviendrai sur ce terme plus loin.

« Prédit » est une introduction à une collection de textes de Freud, Poe, Joyce et autres, « Prénoms de personne », publiée en 1974. Cixous y compare l'acte d'écrire au concept du désir. Pour elle, l'écriture, comme le désir, cherche l'infini : « Je demande à l'écriture ce que je demande au désir : qu'il n'ait aucun rapport avec la logique qui met le désir du côté de la possession, de l'acquisition, ou même de cette consommation-consumation qui, si glorieusement poussée à bout, lie (mé)connaissance avec la mort » (5). Tant que le désir n'est pas consommé, il reste dans l'infini ; le désir est créateur et existe pour soi et non pas pour la réalisation d'un but. L'écriture peut exister aussi dans cet infini, et c'est ce type d'écriture que Cixous cherche.

Cette écriture est encore analysée dans l'essai « Sorties » de <u>La Jeune Née</u>, publié en 1975. Comme le note Susan Sellers dans son introduction, ce texte est très connu dans le monde anglophone. « Sorties » traite des contraintes imposées par le phallocentrisme et propose la possibilité de relations entre le moi et autrui qui ne sont pas basées sur l'idée de la femme comme construction de l'homme, ce qui nie l'existence de la femme. Cixous étudie la relation supérieure-inférieure, une organisation binaire basée sur l'opposition entre l'activité et la passivité ; « Traditionnellement, on traite la question de la différence sexuelle en l'accouplant à l'opposition : activité/passivité » (117). Dans ce système, le père représenterait l'activité, et la mère représenterait la passivité. Comme résultat, elle continue, la mère n'existe pas : « A la limite le monde de l' 'être' peut fonctionner en forcluant la mère. Pas besoin de mère, —pourvu qu'il y a du maternel : et c'est le père qui fait—est—la mère. Ou la femme est passive ; ou elle n'existe pas. Ce qui en reste est impensable, impensé » (118). Donc, être une mère est un rôle actif, et puisque la femme doit toujours être passive, son rôle de mère est approprié par le père, parce que lui seul peut être active. Pour Cixous, sans ce rôle, la femme n'est rien dans la société. Cixous croit que la philosophie et l'histoire littéraire avaient été construites sur cette subordination et humiliation des femmes. Un nouvel ordre social pourrait être réalisé si le logocentrisme activité-passivité était exposé comme la fondation du phallocentrisme.

Cixous introduit par la suite le concept de « l'autre bisexualité » pour contrer l'hégémonie mâle. Cette hégémonie est fondée sur l'économie masculine, qui se concerne avec la propriété (donc le don masculin renforce sa position dans la société) ; et l'économie féminine, qui ne se concerne pas avec la propriété mais plutôt le don de soi aux autres (donc le don féminin est « without calculation and for the other's pleasure » (Sellers 40)). Pour transcender une bisexualité binaire, Cixous propose une autre bisexualité : « Bisexualité, c'est à dire repérage en soi, individuellement, de la présence, diversement manifeste et insistante selon chaque un ou une, des deux sexes, non-exclusion de la différence ni d'un sexe, et à partir de cette 'permission' que l'on se donne, multiplication des effets d'inscription du désir, sur toutes les parties de mon corp et de l'autre corps » (155-156). Dans l'ordre actuel, c'est la femme qui profite de cette conception de la bisexualité, parce que l'homme veut la monosexualité phallique. À cause de ce vœux « d'affirmer le primat du phallus » (157), l'homme est fréquemment homophobe et refuse la féminité, qui symbolise pour lui la castration.

Pour Cixous, l'écriture est un mode d'expression qui peut exemplifier cette bisexualité : « L'écriture, c'est en moi le passage, entrée, sortie, séjour, de l'autre que je suis et je ne suis pas, que je ne sais pas être, mais que je sens passer, que me fait vivre,—qui me déchire, m'inquiète, m'altère, qui ?—un, une des ?, plusieurs, de l'inconnu qui me donne justement l'envie de connaître à partir de laquelle s'élance toute vie » (158). La conception de soi est fluide, passant entre les pôles masculin et féminin, l'autre et le soi. Cixous soutient que cette conception de soi est consternante pour les hommes. Mais il faut dire qu'appliquer cette bisexualité seulement aux femmes court le risque d'essentialiser. Où est la place de l'homosexualité et le queer ? En disant que c'est seulement les femmes qui peuvent penser l'autre bisexualité, la théorie de Cixous serait très probablement controversée pour les Anglophones, qui rejettent l'essentialisme.

Néanmoins, Cixous utilise ce concept de l'autre bisexualité pour esquisser les relations entre le moi et les autres chez les femmes : « Par son ouverture, une femme est susceptible d'être 'possédée', c'est-à-dire dépossédée d'elle-même ». (159). Dans ce sens, la féminité est la reconnaissance et l'acceptation de l'autre en soi. À la différence de certaines doctrines féministes, selon Cixous, cette acceptation ne résulte pas toujours dans la soumission du moi à l'autre (l'abaissement du même à l'autre). Au contraire, la passivité ne doit pas être une qualité négative si ce n'est pas dans l'excès : « …il y a une non-fermeture qui n'est pas une soumission, qui est une confiance, et une compréhension ; qui n'est pas l'occasion d'une destruction mais d'une merveilleuse extension » (159). Cette passivité peut donc permettre aux femmes d'explorer l'espace entre le moi et les autres. Une femme peut « ...approche[r], non pour annuler l'écart, mais pour le voir, pour faire l'expérience de ce qu'elle n'est pas, qu'elle est, qu'elle peut être » (159). Par contre, la relation moi-autres chez les hommes se base sur la peur de ce qui n'est pas soi. Suivant l'idée freudienne que l'homme a quelque chose à perdre (dans la castration), le don de l'homme essaye toujours de prouver la valeur de l'homme dans la société, et donc, l'homme fonctionne sous la théorie du « don-qui-prend » (160).

Cixous postule que le don de la femme ressemble à l'écriture. Elle ne cherche pas la fin : « Elle ne fuit pas l'extrême ; n'est pas l'être-de-la-fin (du but) ; mais de la portée » (161). La féminité reflète la conception que Cixous forme du désir et de l'écriture, qui résident dans l'espace juste avant la fin (le but, l'achèvement de la consommation). En ce sens, la femme agit « sans calcul » (162), et donc son être est fluide et ne se défine pas par une qualité plus qu'une autre : « Elle ne tourne pas autour d'un soleil plus astre que les astres » (162). Ce moi indéfini et fluide permet à la femme de ne pas être contrainte par son corps ou son désir, et elle peut donc vivre une vie plus complète. Ce concept de l'être féminin fluide est fascinant du point de vue théorique, mais pour les Anglophones (et les Français probablement), la spécificité de la femme pose encore le problème de l'essentialisme. Même s'il semble commode de concevoir un tel être, pourquoi ne peut-il pas exister pour l'homme aussi ? Et de plus, est-ce que cet être se conçoit d'une même façon pour chaque femme ? À mon avis, le problème n'existe pas dans l'idée de l'autre bisexualité (parce que ses aspects d'acceptation et d'exploration sont positifs), mais plutôt dans le fait de l'exclusion de l'homme basée sur la différence des sexes. Une telle conception n'avance pas la position de la femme dans la société, la sphère publique. Tandis que Cixous soutiendrait que l'avancement de la femme dans la sphère publique ne fait rien pour un vrai avancement des femmes, chez les Anglophones (et même chez certaines féministes français, spécifiquement les féministes égalitaires), cette conception nie la situation actuelle des femmes et le devoir de les rendre égales aux hommes. C'est donc le désir de Cixous de transcender l'ordre actuel qui pose le problème, et que les féministes anglophones ont eu des difficultés à accepter.

Comme Cixous a aussi écrit des textes de fiction, il est utile de regarder comment ses idées s'y transforment. Le Livre de Prométhéa (1983) se sépare de ses idées sur le problème de l'expression de soi, pour se concentrer sur les façons alternatives de s'engager avec les autres. Pour elle, un concept principal est celui d'un amour égalitaire et respectueux. Le texte étudie l'acte de l'expression de soi aux autres, par l'écriture et par la parole. Le problème se manifeste dans la projection correcte de soi ; comment diffère le moi intérieur du moi extérieur ? Dans Prométhéa, Cixous distingue entre deux conceptions de son être. Elle utilise « Je » et « H » pour illustrer l'espace entre l'intérieur et l'extérieur ; le « Je » existe dans le présent, et le « H » dans le passé et le présent. Son « Je », « Est le sujet de ma folie, de mes alarmes, de mon vertige » (28). Le « Je » est l'âme comme elle est dans le moment actuel, et le « H » est la conception de cette intériorité fluide par les autres. Pour aborder le problème de la communication de soi aux autres, Cixous décide que la seule façon d'être sûre de la conception est d'écrire ce que Prométhéa dit. Cette sorte de vérité que Cixous voit dans l'écriture est une affirmation de l'écriture féminine comme mode d'expression pour les femmes.

Prométhéa développe un autre concept que Cixous a esquissé dans « Sorties » ; le concept du don hors de l'économie hégémonique. Ce don qui ouvre aux autres est reflété dans sa conception de l'amour égalitaire. Pour Cixous, le problème de l'amour résulte de ce qu'il est plus facile d'aimer que d'être aimé : « Mais être aimée, se laisser aimer, entrer dans le cercle magique et redoutable de la grâce, recevoir les dons, trouver les mercis les plus justes, voilà le vrai travail de l'amour » (29). Dans ce sens, pour aimer, il faut être ouvert aux autres, il faut donner sans peur, et se sentir digne de l'amour des autres. Cet amour ne se base pas sur l'opposition (c'est-à-dire, le système binaire du patriarcat), mais l'acceptation mutuelle de l'autre. Ce concept de l'amour est, dans Prométhéa, l'amour entre femmes. Mais, Cixous ne dit jamais explicitement qu'un tel amour ne pourrait jamais exister entre les femmes et les hommes. Donc, cette conception indique la possibilité (implicite) de l'inclusion des hommes dans l'autre bisexualité. Cette possibilité n'est pas retenue par les Anglophones (ou même les Français), mais à mon avis, une telle lecture rend les théories de Cixous moins essentialistes, même si elle valorise les qualités féminines. Même si l'on peut dire que la valorisation féminine ne fait rien pour avancer la femme dans la société, je constate que ce n'est pas une raison valable pour rejeter Cixous et de la placer dans la catégorie antiféministe.

LUCE IRIGARAY

Comme les trois femmes analysées ci-dessus, Luce Irigaray est souvent citée dans les textes écrits par les féministes anglophones sur le féminisme français. Comme dans les cas de Kristeva et de Cixous, la réception de ses textes est souvent ambiguë. Comme le fait observer Margaret Witford, éditeur de The Irigaray Reader, les textes d'Irigaray sont souvent mal interprétés : on les considère essentialistes, se fondant sur « the unproblematic connection between women's bodies and women's true selves » (Witford 2); ils seraient l'exemple de l'écriture féminine (avec Cixous et Kristeva) et l'auteur une psycho-linguiste qui valorise la relation pré-oedipale entre la mère et la fille, « attempting the impossible return to a pre-patriarchal space before language » (Witford 3). Witford fait remarquer que ces lectures sont marginalisées et qu'il faut étudier les textes d'Irigaray pour trouver leur individualité, et les voir dans leur ensemble. Witford reconnaît donc les interprétations réductrices faites par les autres féministes anglophones.

Ces analyses sont évidentes dans les textes anglophones qui traitent d'Irigaray. Notamment, les Anglophones examinent sa contribution à une évaluation féministe de la théorie psychanalytique (Burke 843-855). Selon cette théorie, nous dit Irigaray, la femme est vue comme l'autre, une absence par rapport à l'homme. Irigaray faisait partie de l'école freudienne de Paris VIII mais avec la publication de Speculum de l'autre femme, elle a été limogée de son poste. Plutôt que se représenter dans l'ordre structuré autour du concept phallocentrique, Irigaray, selon les féministes anglophones, « offers as the starting point for a female self-consciousness the facts of women's bodies and women's sexual pleasure, precisely because they have been so absent or so misrepresented in male discourse » (Jones 249). Donc, Irigaray serait essentialiste et elle valoriserait la spécificité du corps féminin et de la jouissance sexuelle féminine. Pour les Anglophones, les textes d'Irigaray fournissent l'occasion d'étudier la psychanalyse, une théorie considérée en général avec méfiance par le féminisme anglophone. Irigaray était, donc, un guide inestimable (Wenzel) pour l'étude d'une théorie controversée.

De plus, la théorie de la différence que propose Irigaray fournit un contraste avec l'égalitarisme et le matérialisme de Beauvoir. Pour les Anglophones, son étude de la différence a précédé l'introduction de cette théorie dans le monde anglophone, « …which is perhaps why Speculum does not seem to have been well understood on its first appearance in 1974 » (Witford 27). Si la théorie de la différence n'était pas acceptée par les Anglophones, les textes d'Irigaray pourraient être utilisés pour présenter un point de vue controversé comme la théorie d'un « autre » féminisme, sans devoir en prendre la responsabilité. Dans son texte « Egales ou Différentes ? », Irigaray explique son désaccord avec la quête de l'égalité : « Demander l'égalité, en tant que femmes, me semble une expression erronée d'un réel objectif. Demander d'être égales suppose un terme de comparaison. À qui ou à quoi

veulent être égalées les femmes ? Aux hommes ? À un salaire ? À un poste public ? À quel

étalon ? Pourquoi pas à elles-mêmes ? » (12). Cette position la sépare de Beauvoir, qui, à

son avis, luttait pour la libération des femmes à l'intérieur de l'ordre masculin. Les luttes qui

se rapportent aux causes des femmes—la contraception, la violence domestique et

l'avortement—devraient être menées, mais Irigaray prévoyait des problèmes dans la

réalisation complète de l'égalité si celle-ci était basée sur l'ordre actuel. Elle voyait ce type

de succès, comme l'égalité des salaires, comme un succès en effet sans valeur, puisqu'il met

les femmes en relation avec les hommes et voit le standard mâle comme la norme désirée

pour (et par) les femmes aussi. C'est pourquoi Irigaray croit que le problème de l'inégalité

peut être résolu seulement si les différences sexuelles sont reconnues : « Il est pure et simple

justice sociale de rééquilibrer ce pouvoir d'un sexe sur l'autre en donnant ou redonnant des

valeurs culturelles à la sexualité féminine. L'enjeu en est plus clair aujourd'hui que lors de

l'écriture du *Deuxième Sexe* » (13). Par la suite, les droits et les devoirs de chaque sexe

devraient correspondre aux différences entre les sexes et devraient être comptés parmi les

droits et les valeurs sociaux.

      Comme Cixous, Irigaray propose le concept d'une « autre femme. » Elle esquisse ce

concept dans l'essai « L'Incontournable Volume, » qui fait partie de Speculum de l'autre

femme. C'est une femme qui « cannot be reduced to the quantifying measurements by which

she is domesticated in male systems, who exceeds attempts to pin her down and confine her

within a theoretical system, whose volume is 'incontournable', whose lips touch without

distinction of one and two » (Witford 28). Cette conception de la femme n'existe pas encore,

à ses yeux, parce que dans l'ordre patriarcal, la femme est définie seulement par rapport à

l'homme. Donc, la femme dans son propre droit n'existe pas ; son identité est créée par les

fragments de sa relation avec l'ordre patriarcal, dans lequel l'homme se cherche en la femme, selon ses désirs et besoins. La femme ne peut pas exister hors de cette relation. Contre cette identité, la conception de la femme que propose Irigaray, complexe et fluide, est incarnée par la mère. De même que la mère est difficile à représenter, la morphologie de la femme représente la fluidité de l'identité féminine : « ...lui permet à chaque instant de devenir autre chose....Mais devenant cette expansion qu'elle n'est, ni ne sera, à aucun moment comme univers définissable....Aucun(s)—forme, acte, discours, sujet, masculin, féminin...—singulier(s) ne peut achever le devenir du désir d'une femme » (Irigaray, « Incontournable » 284). Irigaray lie donc l'anatomie féminine et le désir à sa conception de soi. À première vue, et c'est ainsi que l'interprètent les féministes anglophones, cette idée évoque la spécificité de la femme et semble donc essentialiste. Mais Irigaray conçoit la femme d'une façon plutôt antiessentialiste : « (La/une) femme n'obéit pas au principe d'identité à soi, ni à un x quelconque. Elle s'identifie à tout x, sans s'y identifier de manière particulière » (« Incontournable » 285). Cette sorte d'excès d'identité relie la femme à autrui. Elle court le risque de perdre sa propre identité, mais en général, Irigaray soutient l'idée de l'identité fluide qui accepte et internalise l'expérience avec l'autre.

Semblable aux critiques de Cixous, il semble qu'Irigaray soutient l'essentialisme féminin en valorisant la spécificité de la femme. Plus encore, « L'Incontournable Volume » est un texte très théorique, et ne donne pas de solutions solides pour améliorer la situation des femmes dans la société. Cette indifférence à l'égard de la condition sociale des femmes pose des problèmes pour les féministes anglophones et fait que ses théories n'ont pas été acceptées par elles. Pour celles-ci, une telle étude est intéressante et intellectuellement précieuse, mais elle pose intrinsèquement une barrière pour leurs mouvements à se justifier et réaliser des buts concrets.

En guise de conclusion de cette analyse d'Irigaray, un entretien fait en 1975, « Pouvoir du discours/Subordination du féminin » éclaire encore son point de vue. Elle parle de sa critique de Freud, de la différence sexuelle, et de la subordination des femmes. Elle réitère son avis que Freud définit la sexualité des femmes seulement par rapport aux hommes, et qu'alors elles fonctionnent avec un manque (l'envie de pénis). Plus encore, il n'examine pas les facteurs historiques, et il accepte la norme de la conception de la sexualité féminine (subordonnée à l'ordre mâle). Donc, la souffrance des femmes reflète une indifférence sexuelle. Irigaray explique cette « économie du même » (34) :

> ...[C]ette domination du logos philosophique vient, pour un bon part, de son pouvoir de réduire tout autre dans l'économie du même. Le projet téléologiquement constructeur qu'il se donne est toujours aussi un projet de détournement, de dévoiement, de réduction, de l'autre dans le même. Et, dans sa plus grande généralité peut-être, d'effacement de la différence des sexes dans les systèmes autoreprésentatifs d'un 'sujet masculin.' (34)

Dans ce sens, la femme imite l'homme et devient invisible. Irigaray suggère que le mimétisme peut reconstruire l'imitation, en essayant d'exposer les aspects de la féminité qui sont supposés rester « occulte » (35) :

> C'est se resoumettre...à des 'idées', notamment d'elle, élaborées dans/par une logique 'masculine', mais pour faire 'apparaître', par un effet de répétition ludique, ce qui devait rester occulté : le recouvrement d'une possible opération du féminin dans le langage. C'est aussi 'dévoiler' le fait que si les femmes miment si bien, c'est qu'elles ne se résorbent pas simplement dans cette fonction. Elles 'restent' aussi 'ailleurs'. (35)

Ce mimétisme peut être exprimé à travers l'écriture (l'écriture féminine, spécifiquement) qui évoque la fluidité et la simultanéité qui caractérisent la féminité occulte. Irigaray explique que, plutôt que poser la question « La femme, qu'est-ce que c'est ? » (36), il vaudrait mieux répéter/réinterpréter « la façon dont à l'intérieur du discours le féminin se trouve déterminé : comme manque, défaut, ou comme mime et reproduction inversée du sujet, elle signifient qu'à cette logique, un excès dérangeant, est possible du côté féminin » (36-37).

Cet excès se manifeste dans l'écriture féminine : « La simultanéité serait son 'propre.' Un propre qui ne s'arrête jamais dans la possible identité à soi d'aucune forme. Fluide, sans oublier les caractères difficilement idéalisables de ceux-ci : ces frottements entre deux infiniment voisins qui font dynamique » (37). Comme le mimétisme, « Son 'style' résiste à, et fait exploser, toute forme, figure, idée, concept, solidement établis. Ce qui n'est pas dire que son style n'est rien, comme le laisse croire une discursivité qui ne peut le penser. Mais son 'style' ne peut se soutenir comme thèse, ne peut faire l'objet d'une position » (37). Cette conception du mimétisme, et de l'écriture féminine ressemble à la théorie chez Cixous de l'autre bisexualité, qui travaille à reconstruire le système binaire sexuel en explorant l'espace entre le moi et les autres. Parallèlement, Irigaray cherche une nouvelle conception de la femme ; exemplifiée par l'écriture féminine ; qui se réinvente en reconnaissant l'existence d'une conception historique du féminin comme un manque, et qui cherche l'inclusion des aspects divers et du féminin et du masculin.

Enfin, Irigaray, comme Cixous et Kristeva, pose la question d'une politique féminine : peut-elle exister dans l'ordre masculin ? Irigaray reconnaît que les mouvements féministes courent le risque d'une simple redistribution de pouvoir dans l'ordre existant, qu'ils s'en rendent compte ou pas. Au lieu de cela, les mouvements des femmes qui luttent contre la forme et la nature de l'ordre politique travailleraient pour une modification de la position de la femme dans la société. Irigaray postule que les femmes doivent arrêter de renoncer à leur spécificité ; tant que cette spécificité n'est pas acceptée, une autre conception de la femme n'est pas possible. Elle conclut que si les femmes deviennent des « sujets parlants » (41), « Cela poserait certainement question au discours qui fait aujourd'hui la loi, qui légifère sur tout, y compris la différence des sexes, au point que l'existence d'un autre sexe, d'un(e) autre : femme, lui paraisse encore inimaginable » (41).

CONCLUSION

Le féminisme français est très difficile à définir, non seulement pour les féministes anglophones, mais aussi pour les féministes français. Les féministes anglophones s'intéressaient à quelques aspects du mouvement féministe en France, notamment aux théories de Simone de Beauvoir, Julia Kristeva, Hélène Cixous et Luce Irigaray. Il faut dire que cet intérêt est limité, et, pour d'autres féministes français, incompréhensible. Christine Delphy pense que les Anglophones ont fait une analyse du contenu idéologique des théories de ces écrivains, et l'ont attribuée à la France en général (« The Invention » 166-197). La création d'un féminisme français dans le discours anglophone déplaît à beaucoup de féministes en France. Pour elles, l'impérialisme du mouvement anglophone menait à un exotisme et à une décontextualisation du mouvement en France. Tandis que les théories de Simone de Beauvoir sont plus ou moins acceptées en France (surtout dans leur évolution au fil de sa vie), Kristeva, Cixous et Irigaray esquissent des théories qui en fait n'étaient pas complètement acceptées par les Françaises elles-mêmes, parce qu'elles semblaient anti-féministes.

Mais il est difficile de dire que ces trois femmes sont antiféministes ; elles n'étaient pas toujours d'accord avec le mouvement féministe en France, et elles ne partagent pas des théories identiques, ni parmi elles, ni parmi le mouvement féministe. Cependant, parmi les trois, le désir d'un retour à la spécificité féminine est évident. Pour réaliser ce retour, elles proposaient que l'ordre existant du patriarcat soit renversé. Certes, c'est une chose délicate de dire que les personnes qui expriment les opinions contre un mouvement des femmes pourraient être, malgré cela, féministes. Je propose que cette opposition est en fait théorique ; elle ne veut pas dire que les femmes ne doivent pas essayer de trouver l'égalité dans la société. C'est plutôt un refus de l'ordre suivant lequel notre société fonctionne. On peut chercher l'égalité dans cet ordre, mais le système binaire d'homme-femme, dans lequel la femme se situe par rapport à l'homme, n'est pas suffisant pour réorganiser la société tel que la femme serait égale tout en se réjouissant de sa spécificité.

L'opposition de Kristeva, Cixous, et Irigaray au mouvement doit être notée ; il faut reconnaître les opinions diverses. C'est en ne pas réalisant ce but que les féministes anglophones ont échoué. Elles n'avaient pas tort de s'intéresser aux théories vues comme

douteuses par leur mouvement ; cela permet d'ouvrir un discours:

> But *féminité* and *écriture féminine* are problematic as well as powerful concepts. They have been criticized as idealist and essentialist, bound up in the very system they claim to undermine; they have been attacked as theoretically fuzzy and as fatal to constructive political action. I think all of these objections are worth making. What's more, they must be made if American women are to sift out and use the positive elements in French thinking about *féminité*. (Jones 253)

Donc, il est grâce aux défauts des théories de ces féministes françaises (Kristeva, Irigaray,

Cixous) qu'il vaut la peine de les étudier. Ces femmes se demandaient quelles leçons

pourrait-on apprendre des erreurs de l'essentialisme.

Cependant, pour d'autres féministes français, ce type d'étude de ce qui est étranger est

un abus du pouvoir d'appropriation, parce que même en France ces théories étaient

contestées : « Materialist feminists such as Christine Delphy and Colette Guillaumin are

suspicious of the logic through which *féminité* defines men as phallic…and then praises

women, who, by nature of their contrasting sexuality, are other-oriented, empathetic,

multiimaginative » (Jones 255). Pour ces féministes matérialistes, valoriser la spécificité de

la femme renforce le dualisme femme-homme, et en dépit de l'opinion de Kristeva, Cixous et

Irigaray, ne transcende pas l'ordre patriarcal. Cette opposition interne au sein du mouvement

en France est mentionnée dans la conception du féminisme français par les Anglophones,

mais bien sûr minimisée.

Enfin, il est impossible de changer le fait que les féministes anglophones se sont

concentrées sur certains aspects du mouvement féministe en France, et que ces aspects étaient

discutés en France aussi bien que dans le monde anglophone. Mais je pense que ces deux

mouvements pourraient profiter d'une discussion l'un avec l'autre. Il y aura toujours des

conflits à l'intérieur des mouvements, mais plutôt que les nier, il vaudrait mieux les accepter

comme autant de points de vue. Les opinions de Kristeva, Irigaray et Cixous ne me semblent

pas ouvertement antiféministes, et en tout cas, condamner quelqu'un comme antiféministe ne sert à rien, si le mouvement féministe veut inclure la diversité des femmes et des opinions. Les féministes anglophones et les féministes français profiteraient d'une acceptation de « l'autre » qui existe dans le mouvement même, comme une partie essentielle du mouvement entier.

Aujourd'hui, il est clair que le féminisme est arrivé à l'aube d'une nouvelle ère. On a dépassé l'époque de l'écriture des œuvres du « féminisme français » et maintenant on l'étudie dans son contexte historique. Quand on regarde le féminisme français du passé, on fait une autocritique, donc une étude métadiscursive. Qu'on parle du « féminisme français » comme une construction, cela signifie que le contexte historique de l'étude a changé, et que ce qu'on fait maintenant en étudiant cette construction est une analyse historique.

Alors, comment le féminisme est-il abordé de nos jours en France? À première vue, il semblerait facile de répondre à cette question : le débat existe toujours, et se manifeste dans plusieurs manières. Mais il y a un conflit au sein de la question féministe en France, puisqu'il y a beaucoup de personnes qui pensent que les buts de féminisme ont été réalisés ; mais comme l'a noté Christine Delphy en 2004, la mise en pratique des lois qui cherche l'égalité des femmes est souvent insuffisante : « En France, la loi de 1983 sur l'égalité dans le travail n'a jamais été mise en œuvre…. Celle sur l'avortement est violée matin, midi et soir par les hôpitaux, les chefs de service, les services sociaux et l'Etat, qui ne mettent pas en place les centres d'interruption volontaire de grossesse (IVG) prévus par les décrets d'application » (« Retrouver l'élan »). Qui plus est, il existe des lobbies « masculinistes » qui « déposent sur les bureaux des ministres et des députés des propositions de remise en cause des lois sur l'avortement, sur le harcèlement sexuel, sur le divorce » (« Retrouver l'élan »). La campagne pour la parité a été souvent condamnée comme essentialiste. De plus, la parité court le risque de ne pas toujours promulguer l'égalité réelle, mais au contraire de renforcer le système de pouvoir existant : « Parity activists have had to zigzag strategically between different meanings of difference and equality to make their claims compatible with the Republic's core doctrines and therefore acceptable to power holders » (Lépinard 379).

En général, Delphy observe un mythe d' « égalité-déjà-là » (« Retrouver l'élan ») qui empêche le progrès du mouvement féministe. Ce mythe minimise l'existence de l'oppression des femmes françaises, ayant un effet négatif sur leur estime d'elles-mêmes. L'égalité-déjà-là rend plus difficile la justification d'un mouvement féministe. Cette incapacité de justifier le mouvement féministe est évidente sur le site Web d'un journal quotidien, Le Figaro. Ce journal a publié quelques articles sur la question féministe, mais le nombre d'articles trouvés — 34 — pour le terme « féminisme » sur son site est frappant ; un tel recherche sur le site Web du New York Times trouve plus que 10,000 articles qui fait mention du terme « feminism. » Ce type de comparaison n'est pas « académique, » mais il est quand même intéressant que les médias en France ne publient pas beaucoup sur ce sujet, ou bien que les publications sur ce sujet ne sont pas facilement accessibles au public.

En dépit d'un manque de discours dans au moins un journal quotidien en France, les articles disponibles sur le site du Figaro s'adresse à l'état du féminisme aujourd'hui :

> Le corset, avec l'avènement du féminisme, a disparu de nos armoires comme de nos mémoires. Aujourd'hui, nos ventres et nos mouvements sont libres et nous pouvons respirer. Et pourtant, notre corps et notre esprit sont enfermés, comprimés, atrophiés dans un corset plus insidieux que celui des siècles précédents, parce qu'il ne se voit pas : un corset invisible. (Abécassis)

Ce corset invisible, un vrai défi, est une métaphore pour l'égalité-déjà-là. Dans les médias et dans la société, la minimisation du mouvement féministe crée donc des nouveaux problèmes, spécifiquement au sujet du corps féminin : « Le corps de la femme est en fait contrôlé par l'épuisement à la tâche, les régimes incessants et les nouvelles normes de beauté....Toutes ces règles et ces normes sont intériorisées. Plus que complice de son propre asservissement, la femme s'y soumet d'une façon impitoyable : elle est devenue son propre bourreau » (Abécassis). En effet, quand on essaye à valoriser « l'éternel féminin, » il est souvent exploité et par la société et par la femme. Comme le note un autre article, on trouve cet accent sur le corps féminin aussi dans la sphère publique : « Dans les médias télévisuels, une nouvelle division sexuelle des tâches s'impose qui inverse la répartition séculaire des rôles : des femmes dans la lumière, et des hommes dans l'ombre. Des hommes qui se contentent de la réalité discrète du pouvoir, quand les femmes en goûtent les délices de l'apparence » (Zemour). Ce problème de l'exploitation de la spécificité féminine (en particulier le corps) est un seul problème parmi beaucoup qui existe dans l'ordre existant. On pourrait dire que cet ordre est toujours patriarcal ; quand on étudie des chiffres, il existe toujours des inégalités professionnelles entre les femmes et les hommes, et selon un rapport du bureau international du travail (BIT), « les femmes devraient davantage souffrir du chômage que les hommes en 2009 » (« Des Centaines »).

Néanmoins, même si la lutte féministe se trouve en face des problèmes et des paradoxes dans les médias et la sphère publique, les études féminines et les études de genre se développent à l'université en France. On voit aussi une mixité entre les femmes et les hommes dans les groupes comme MixCité, le Collectif contre le publisexisme, et la Meute (Delphy « Retrouver l'élan »). En revanche, il me semble que le débat féministe en France reste ambigu, complexe, et souvent passionné ; il y a un écart entre l'étude de féminisme à l'université dans le cadre académique et littéraire, les médias, et le monde politique et social. Bien qu'une étude détaillée de la diversité du féminisme au XXIème siècle sorte du champs de l'étude de ce mémoire, c'est une étude qui indique la nécessité de continuer et des recherches théoriques et des luttes concrètes pour les droits des femmes, de les unir, et de les mettre en évidence.

De nos jours, on peut toujours beaucoup apprendre de la définition du féminisme français par les féministes anglophones, et du conflit interne en France et outre-mer au passé. De même, le féminisme en France aujourd'hui est un sujet auquel les féministes anglophones devraient s'intéresser. Il est vrai que les jours du débat passionné au sujet de la définition du féminisme français ont largement passé, et que des disputes se sont instaurées. Néanmoins, le débat n'est pas entièrement terminé ; il existe toujours une incertitude autour du débat « égalité ou différence. » On peut le voir, par exemple, dans les débats actuels sur la parité, la représentation des femmes dans les médias et au travail, en France et ailleurs dans le monde aussi. Il est objecté que le féminisme n'a plus d'importance dans notre société puisque de nombreux droits des femmes ont été réalisés ; mais la lutte ne devrait pas s'arrêter, puisque c'est une lutte qui continue sans cesse, non seulement pour les femmes mais pour les autres groupes subordonnés dans la société.

Le féminisme n'est plus la nouveauté qu'il était à l'époque de Simone de Beauvoir, et cela est sûrement un bon signe. L'évolution du mouvement indique que le féminisme est aussi une façon de penser. Joan Wallach Scott résume l'enjeu actuel du féminisme : « Perhaps it is precisely an awareness of the inevitability and omnipresence of differences that distinguishes our understanding from that of our predecessors—difference as a fact of human existence, as an instrument of power, as an analytic tool, and as a feature of feminism itself » (« Feminist Reverberations » 20). Le mouvement féministe actuel est à la fois différent du, et pareil au, mouvement féministe historique. Dans ce sens, le féminisme, comme façon de penser, aura toujours de l'importance, puisqu'il se développe et s'élargit sans cesse. Sa nouveauté est perdue, mais non pas son applicabilité, sa capacité potentielle d'englober la différence et l'égalité et de travailler donc vers une société plus tolérante. Il faut chercher un équilibre entre la valorisation de la spécificité féminine qui se manifeste dans les discours théoriques (comme on a vu avec une étude de Beauvoir, Kristeva, Cixous, et Irigaray) et les campagnes pour l'égalité sociale. Un tel équilibre me semble possible, même si le féminisme n'a pas encore résolu le confit interne parmi ces deux courants de féminisme. À mon avis, on ne doit pas toujours choisir un seul camp. Moi, je ne suis pas prête à faire ce choix.

BIBLIOGRAPHIE

Abécassis, Eliette. "Le travail? Le ménage? Les enfants? Le plus grand gagnant du

féminisme, c'est l'homme!" Le Figaro 17 Oct. 2007. 11 Avril 2009

<http://www.lefigaro.fr/lefigaromagazine/2007/03/02/01006-

20070302ARTMAG90544-

le_travail_le_menage_les_enfants_le_plus_grand_gagnant_du_feminisme_c_est_l_ho

mme_.php>.

Armengaud, Francoise. "Le matérialisme beauvoirien et la critique du naturalisme: une

'rupture épistémologique inachevée'?" Cinquantenaire du Deuxième Sexe. Eds

Sylvie Chaperon and Christine Delphy. Colloque Internationale de Simone de

Beauvoir. Paris: ES, 2002. 26-32.

Beauvoir, Simone de. Le Deuxième Sexe. 2 vols. Paris: Gallimard, 1968.

---. Mémoires d'une Jeune Fille Rangée. Ottawa: Cercle du Libre, 1959.

---. Memoirs of a Dutiful Daughter. Trans. James Kirkup. Cleveland: World Publishing,

1959.

---. The Second Sex. Trans. and Ed. H.M. Parshley. NY: Alfred Knopf, 1968.

Bair, Deirdre. "Simone de Beauvoir: Politics, Language, and Feminist Identity." Yale

French Studies 72(1986): 149-162. JSTOR. 12 Mar. 2009.

<http://www.jstor.org/stable/2930232>.

Burke, Carolyn Greenstein. "Report from Paris: Women's Writing and the Women's

Movement." Signs 3.4 (1978): 843-855. JSTOR 27 Feb. 2009.

<http://www.jstor.org/stable/3173118>.

Butler, Judith. "Sex and Gender in Simone de Beauvoir's Second Sex." Yale French Studies

72(1986): 35-49. JSTOR. 12 Mar. 2009. <http://www.jstor.org/stable/2930225>.

Célestin, Roger, Isabelle de Courtivron, and Eliane DalMolin, eds. Beyond French

    Feminisms: Debates on Women, Politics, and Culture in France, 1981-2001. New

    York: Palgrave Macimillan, 2003.

Chaperon, Sylvie, and Christine Delphy, eds. Cinquantenaire du Deuxième Sexe. Colloque

    Internationale de Simone de Beauvoir. Paris: ES, 2002.

Cixous, Hélène. Le Livre de Promethéa. Paris: Gallimard, 1983. Extraits.

---. "Prédit" dans Prénoms de Personne. Paris: ES, 1974. 5-10.

---. "Sorties" dans La Jeune Née. Paris: Union Générale d'Éditions, 1975. Extraits.

De Courtivron, Isabelle, and Elaine Marks, eds. New French Feminisms: An Anthology.

    Amherst: U of Massachusetts P, 1980.

Delphy, Christine. "The Invention of French Feminism: An Essential Move." Yale French

    Studies 97(Pt2) (2000): 166-197. JSTOR. 8 Oct. 2008.

    <http://www.jstor.org/stable/2903219>.

---. "Introduction" Cinquantenaire du Deuxième Sexe. Colloque Internationale de Simone

    de Beauvoir. Par Delphy. Ed. Sylvie Chaperon and Christine Delphy. Paris: ES,

    2002. 191-194.

---. "Retrouver l'élan du féminisme." Le Monde Diplomatique Mai 2004. 11 Avril 2009

    <http://www.monde-diplomatique.fr/2004/05/DELPHY/11173#nb7>.

Gambaudo, Silvie A. "French Feminism vs Anglo-American Feminism: A Reconstruction."

    European Journal of Women's Studies. 14.2 (2007): 93-108.

Irigaray, Luce, and Noah Guynn. "The Question of the Other." Yale French Studies 87

    (1995): 7-19. JSTOR. 10 Oct. 2008. <http://www.jstor.org/stable/2903219>.

Irigaray, Luce. "Egales ou Différentes?" Dans Je, Tu, Nous. Paris: Grasset, 1990. 9-15.

---. "L'Incontournable Volume." Dans Speculum de l'autre femme. Paris: Éditions de

    Minuit, 1974. 282-298.

---. "Pouvoir du discours/Subordination du féminin." Dialectiques 8 (1975) : 31-41.

Jardine, Alice. "Gynesis." Diacritics 12.2 (1982): 54-65. JSTOR. 22 Oct. 2008.

    <http://www.jstor.org/stable/464680>.

---. "Introduction to Julia Kristeva's 'Women's Time.'" Signs 7.1 (1981): 5-12. JSTOR 27

    Feb. 2009. <http://www.jstor.org/stable/3173502>.

---. "Pre-Texts for the Trans-Atlantic Feminist." Yale French Studies 62 (1991): 220-236.

Jones, Ann Rosalind. "Writing the Body: Toward an Understanding of 'L'Écriture

    Féminine.'" Feminist Studies 7.2 (1981): 247-263. JSTOR 27 Feb. 2009.

    <http://www.jstor.org/stable/3177523>.

Kamuf, Peggy. To Give Place: "Semi-Approaches to Hélène Cixous." Yale French Studies

    87 (1995): 7-19. JSTOR. 10 Oct. 2008. <http://www.jstor.org/stable/2930324>.

Kaufman, Dorothy. "Simone de Beauvoir: Questions of Difference and Generation." Yale

    French Studies 72(1986): 121-131. JSTOR. 12 Mar. 2009.

    <http://www.jstor.org/stable/2930230>.

Kristeva, Julia. "Le Temps des femmes." 34/44: Cahiers de recherche de sciences des des

    textes et documents 5(1979): 5-19.

---. Pouvoirs de l'horreur: essai sur l'abjection. Paris: Editions du Seuil, 1980. Extraits.

Kuhn, Annette. "Introduction to Hélène Cixous's 'Castration or Decapitation?'" Signs. 7.1

    (1981): 36-40. JSTOR 27 Feb. 2009. <http://www.jstor.org/stable/3173504>.

"Des Centaines de manifestants pour les droits des femmes." lefigaro.fr 7 Mars 2009. 11

    Avril 2009 < http://www.lefigaro.fr/actualite-france/2009/03/07/01016-

    20090307ARTFIG00677-des-centaines-de-manifestants-pour-les-droits-des-femmes-

    .php>.

Lépinard, Elénore. "The Contentious Subject of Feminism: Defining *Women* in France

    From Second Wave to Parity." Signs 32.2 (2007): 375-403. 11 Avril 2009. The

University of Chicago Journals.

<http://www.journals.uchicago.edu.proxy.lib.umich.edu/toc/signs/2007/32/2>.

Moi, Toril. Simone de Beauvoir: The Making of an Intellectual Woman. 2nd Edition.

Oxford: Oxford UP, 2008.

Moses, Claire Goldberg. "Made in America: 'French Feminism' in Academia." Beyond

French Feminisms: Debates on Women, Politics, and Culture in France, 1981-2001.

Eds. Roger Célestin, Isabelle de Courtivron, and Eliane DalMolin. New York:

Palgrave Macimillan, 2003. 261-284.

---. "Made in America: le 'French Feminism' dans l'Université américaine."

Cinquantenaire du Deuxième Sexe. Eds. Sylvie Chaperon and Christine Delphy.

Colloque Internationale de Simone de Beauvoir. Paris: Syllepsee, 2002. 238-245.

Oliver, Kelly, ed. The Portable Kristeva. NY: Columbia UP, 1997.

Patterson, Yolanda Astarita. "Simone de Beauvoir and the Demystification of Motherhood."

Yale French Studies 72(1986): 87-105. JSTOR. 12 Mar. 2009.

<http://www.jstor.org/stable/2930228>.

Portuges, Catherine. "Attachment and Separation in The Memoirs of a Dutiful Daughter."

Yale French Studies 72(1986): 107-118. JSTOR. 12 Mar. 2009.

<http://www.jstor.org/stable/2930229>.

Schor, Naomi, and Elizabeth Weed, eds. The Essential Difference. Bloomington and

Indianapolis: Indiana UP, 1994.

Scott, Joan Wallach. "Feminist Reverberations." differences: A Journal of Feminist

Cultural Studies 13.3 (2002): 1-23. General OneFile. 19 Nov. 2008.

<http://find.galegroup.com.proxy.lib.umich.edu>.

---. "French Universalism in the Nineties." differences: A Journal of Feminist Cultural

   Studies 15.2 (2004): 32-53. General OneFile. 19 Nov. 2008.

   <http://find.galegroup.com.proxy.lib.umich.edu>.

Sellers, Susan, ed. The Hélène Cixous Reader. London: Routledge, 1994.

Spivak, Gayatri Chakravorty. "French Feminism in an International Frame." Yale French

   Studies. 62 (1991): 154-184.

Wenzel, Helene Vivienne. "Introduction to Luce Irigaray's 'And the One Doesn't Stir

   without the Other.'" Signs 7.1 (1981): 56-599. JSTOR 27 Feb. 2009.

   <http://www.jstor.org/stable/3173506>.

Witford, Margaret, ed and trans. The Irigaray Reader. Oxford: Blackwell, 1991.

Zemour, Eric. "Contre les délices de l'apparence." Le Figaro 20 Juin 2008. 11 Avril 2009

   <http://www.lefigaro.fr/lefigaromagazine/2008/06/14/01006-

   20080614ARTFIG00578-contre-les-delices-de-l-apparence.php>.

www.ingramcontent.com/pod-product-compliance
Lightning Source LLC
Chambersburg PA
CBHW021824270326
41932CB00007B/330